Foreign Copyright:
Joonwon Lee Mobile: 82-10-4624-6629
Address: 3F, 127, Yanghwa-ro, Mapo-gu, Seoul, Republic of Korea 3rd Floor
Telephone: 82-2-3142-4151
E-mail: jwlee@cyber.co.kr

옥효진 선생님의 매일매일 문해력 왕 ⑧

2024. 6. 17. 초 판 1쇄 인쇄
2024. 6. 26. 초 판 1쇄 발행

지은이 | 옥효진
그 림 | 신경영
펴낸이 | 최한숙
펴낸곳 | BM **성안북스**
주 소 | 04032 서울시 마포구 양화로 127 첨단빌딩 3층(출판기획 R&D 센터)
      10881 경기도 파주시 문발로 112 파주 출판 문화도시 (제작 및 물류)
전 화 | 02) 3142- 0036
      031) 950- 6300
팩 스 | 031) 955- 0510
등 록 | 1973. 2. 1. 제406-2005-000046호
출판사 홈페이지 | www.cyber.co.kr
이메일 문의 | smkim@cyber.co.kr
ISBN | 978-89-7067-451-3 (64710) / 978-89-7067-443-8 (set)
정 가 | 12,800원

이 책을 만든 사람들
총괄 · 진행 | 김상민
기획 | 북케어
본문 · 표지 디자인 | 정유정
홍보 | 김계향, 임진성, 김주승
국제부 | 이선민, 조혜란
마케팅 | 구본철, 차정욱, 오영일, 나진호, 강호묵
마케팅 지원 | 장상범
제작 | 김유석

■ **도서 A/S 안내**

성안당에서 발행하는 모든 도서는 저자와 출판사, 그리고 독자가 함께 만들어 나갑니다.
좋은 책을 펴내기 위해 많은 노력을 기울이고 있습니다. 혹시라도 내용상의 오류나 오탈자 등이
발견되면 **"좋은 책은 나라의 보배"**로서 우리 모두가 함께 만들어 간다는 마음으로 연락주시기
바랍니다. 수정 보완하여 더 나은 책이 되도록 최선을 다하겠습니다.
성안당은 늘 독자 여러분들의 소중한 의견을 기다리고 있습니다. 좋은 의견을 보내주시는 분께는
성안당 쇼핑몰의 포인트(3,000포인트)를 적립해 드립니다.

잘못 만들어진 책이나 부록 등이 파손된 경우에는 교환해 드립니다.

평생 문해력을 만드는 하루 네 장 공부 습관!

옥효진 선생님의
매일 매일 문해력왕 8

1교시 : 여행

2교시 : 교통과 지도

3교시 : 탈것

4교시 : 컴퓨터와 전화

BM 성안북스

우리는 하루 동안 수없이 많은 말을 들어요. 엄마, 아빠가 나에게 해 주시는 말들, 학교에서 쉬는 시간 동안 친구들과 나누는 말, 선생님이 수업 시간에 해 주시는 설명들, 만화나 영화 같은 영상 속 등장인물들이 하는 말들을 듣죠. 또, 수없이 많은 글을 읽고 있어요. 재미있는 이야기책 속의 글들, 교과서에 적혀 있는 글들, 길을 걸어가며 보이는 안내문과 간판들. 우리는 말과 글에 둘러싸여 살아가고 있다고 할 수 있는 거죠. 그런데 여러분은 여러분이 보고 듣는 것들을 얼마나 이해하고 있나요? 말을 듣는다고 모든 말을 이해하는 것은 아니에요. 글을 읽는다고 모든 글을 이해하는 것도 아니죠.

우리가 듣는 말과 읽는 글을 이해하기 위해서는 문해력이 필요해요. 문해력이란 내가 읽는 글, 내가 쓰는 글, 내가 듣는 말, 내가 하는 말의 뜻을 이해하고 내 것으로 만드는 능력이에요. 여러분이 읽게 될 교과서 속 글들도, 수업 시간에 선생님이 하는 말씀도, 갖고 싶었던 장난감의 설명서를 읽고 장난감을 사용하는 것도

이 문해력 없이는 어려운 일이에요. 문해력이 있어야 여러분이 보고 듣는 것을 이해할 수 있죠. 다시 말하자면 문해력이 점점 자랄수록 여러분이 경험하고 이해할 수 있는 세상이 점점 넓어지는 것이랍니다.

그래서 문해력을 어릴 적부터 기르는 게 중요해요. 하지만 문해력은 글자를 읽고 쓸 줄 안다고 저절로 생기는 것은 아니에요. 많은 글을 읽으면서 글이 어떻게 쓰여 있는지, 이 글에 담겨 있는 뜻은 무엇인지를 이해하는 연습을 해야 해요. 유명한 운동선수가 매일매일 꾸준히 연습하고, 훈련을 하는 것처럼 말이에요. 오늘부터 선생님과 함께 매일매일 문해력을 기르는 연습을 해 보는 건 어떨까요? 여러분도 모르는 사이에 여러분이 문해력 왕이 되어 있을지도 몰라요. 그만큼 세상을 보는 여러분의 눈도 쑥쑥 자라 있겠죠.

이 책을 통해 여러분들의 문해력이 쑥쑥 자라나기를 바라요. 그리고 쑥쑥 자라난 문해력으로 이제 막 세상에 발걸음을 떼기 시작하는 여러분이 볼 수 있는 세상이 넓어지기를 바랍니다.

옥효진 선생님

이 책을 보는 법

초등 교과 전체에서 핵심 주제를 뽑아 어휘, 문법, 독해, 한자까지 익힐 수 있도록 일주일 프로그램으로 구성했습니다.

주제와 관련된 기본 어휘의 이해를 돕는 그림과 함께 익힐 수 있습니다.

주제와 관련된 기본 어휘인 명사, 동사, 형용사를 배웁니다.

주제와 관련된 의성어, 의태어를 배웁니다.

낱말 확장은 물론 속담, 관용어까지 배웁니다.

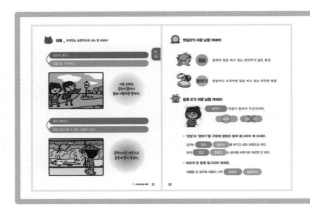

주제와 관련된 속담과 관용어를 익힙니다.

헷갈리기 쉬운 말, 잘못 쓰기 쉬운 말, 유의어, 반의어, 다의어, 동형어, 고유어, 외래어 등의 확장 낱말을 익힙니다.

7급, 8급 수준의 한자에서 추출한 문해력 핵심 한자를 배웁니다.

한 주에 1개의 핵심 한자와 연관된 한자어 5개를 학습합니다.

그림과 예시글을 통해 한자 사용의 이해를 높였습니다.

직접 써 보는 공간도 마련했습니다.

짧은 문장으로 시작해서 긴 문단 독해까지 독해력이 성장할 수 있도록 구성했습니다.

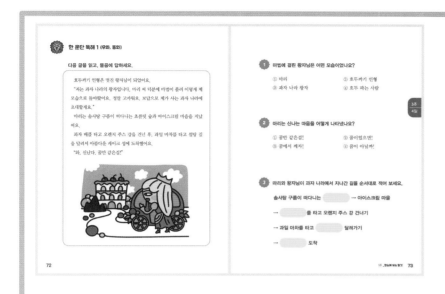

어순, 접속 부사, 종결형 문장, 시제, 높임말, 예사말, 피동, 사동, 부정 등을 익힐 수 있도록 했습니다.

주제와 관련된 확장 어휘를 사용하여 한 문장~세 문장 독해까지 완성된 문장을 만들 수 있도록 했습니다.

우화나 동화(문학), 생활에서 사용되는 지식글(비문학) 등 초등 교과에 담긴 12갈래 형식의 글을 통해 문제를 풀고 익힙니다.

※ 수학 개념을 적용한 문제까지 마련했습니다.

확인 학습을 통해 일주일간 학습한 내용을 복습합니다.

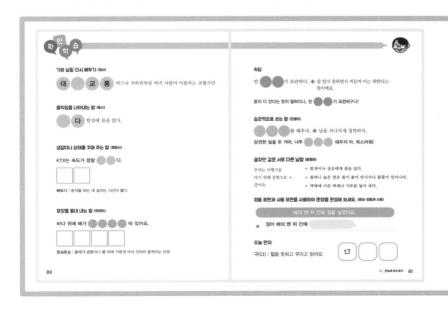

한 주간 배운 내용 중 핵심이 되는 내용을 추렸습니다.

일주일 안에 복습하는 공간을 만들어 학습한 내용을 장기 기억으로 저장할 수 있도록 했습니다.

목 차

1주

한눈에 보는 여행

1일
명사 ···················· 12
동사 ···················· 14
형용사 ················· 15

2일
문장 독해 ············· 16
의성어 의태어 ········ 19

3일
속담과 관용어 ········ 20
낱말 확장 ············· 22
문법 ···················· 23

4일
한 문단 독해 1 (우화, 동화) ··· 24
한 문단 독해 2 (지식글) ····· 26

5일
오늘 한자 ············· 28

확인 학습 ················· 32

2주

한눈에 보는 교통과 지도

1일
명사 ···················· 36
동사 ···················· 38
형용사 ················· 39

2일
문장 독해 ············· 40
의성어 의태어 ········ 43

3일
속담과 관용어 ········ 44
낱말 확장 ············· 46
문법 ···················· 47

4일
한 문단 독해 1 (우화, 동화) ··· 48
한 문단 독해 2 (지식글) ····· 50

5일
오늘 한자 ············· 52

확인 학습 ················· 56

3주

한눈에 보는 **탈것**

1일 명사 ·············· **60**

동사 ·············· **62**

형용사 ·············· **63**

2일 문장 독해 ·············· **64**

의성어 의태어 ·············· **67**

3일 속담과 관용어 ·············· **68**

낱말 확장 ·············· **70**

문법 ·············· **71**

4일 한 문단 독해 1 (우화, 동화) ··· **72**

한 문단 독해 2 (지식글) ····· **74**

5일 오늘 한자 ·············· **76**

확인 학습 ·············· **80**

4주

한눈에 보는 **컴퓨터와 전화**

1일 명사 ·············· **84**

동사 ·············· **86**

형용사 ·············· **87**

2일 문장 독해 ·············· **88**

의성어 의태어 ·············· **91**

3일 속담과 관용어 ·············· **92**

낱말 확장 ·············· **94**

문법 ·············· **95**

4일 한 문단 독해 1 (우화, 동화) ··· **96**

한 문단 독해 2 (지식글) ····· **98**

5일 오늘 한자 ·············· **100**

확인 학습 ·············· **104**

정답 ·············· **106**

1주

한눈에 보는
여행

여행 계획 기대 휴가 휴가철 예약 출국 귀국

안내문 여행지 휴양지 숙소 관광 기념품 기행문

여행
일을 하거나 돌아다니며 구경하기 위해 다른 지역이나 외국에 가는 일

계획
앞으로 할 일을 어떻게 할 것인지 미리 정하는 것

관광
다른 지방이나 다른 나라를 둘러보며 구경함

출국
나라 밖으로 나감

귀국
외국에 나가 있던 사람이 자기 나라로 돌아오거나 돌아감

기행문
여행하면서 보고, 듣고, 느끼고, 겪은 것을 적은 글

여행을 나타내는 말을 알아봅시다. (동사)

알아보다	떠나다	싣다	둘러보다	다니다
출발하다	도착하다	거치다	벗어나다	머무르다

떠나다 어떤 일을 하러 나서다.

싣다 물건이나 사람을 옮기기 위하여 탈것 위에 올리다.

둘러보다 주위를 이리저리 두루 살펴보다.

다니다 볼 일이 있어 어떤 장소에 드나들다.

거치다 오가는 중에 어디를 지나거나 들르다.

머무르다 도중에 멈추거나 잠시 어떤 곳에 묵다.

관광과 여행지는 각각 어떤 일을 하는지 따라 써 보세요.

둘러보다

다니다

머무르다

출발하다

떠나다

도착하다

14

여행의 성질이나 상태를 꾸며 주는 말을 알아봅시다. (형용사)

낮설다	전에 본 적이 없어 익숙하지 않다.
씩씩하다	굳세고 강한 느낌이 있다.
험난하다	다니기에 위험하고 어렵다.
지겹다	아주 지루하고 싫다.
부럽다	남의 일이나 물건을 보고 자기도 그런 일이 이루어지거나 가졌으면 하는 마음을 가지다.
서운하다	마음에 모자라서 아쉽거나 섭섭하다.

 어떤 말이 들어가야 할까요?

| 낮설 | 지겨 | 서운 | 씩씩 |

- 내 동생은 7살이 되더니 더   해졌다.

- 외국 여행을 오니 한국인이 별로 없어   게 느껴졌다.

- 부모님만 여행을 가셔서   한 마음이 들었다.

- 관광지에서 노는 것이   울 때까지 놀았다.

한 문장 독해 _ 한 문장으로 된 글을 읽고, 물음에 답하세요.

우리 가족은 새벽에 공항으로 출발했다.

1. 우리 가족은 어디로 출발했는지 쓰세요.

....

우리는 숙소에 머무르면서 내일 여행 계획을 살펴보았어요.

2. 숙소에 머무르면서 무엇을 살펴보았나요?

여행 계획 / 안내서 / 지도

여행을 시작하는 날, 설레는 마음으로 자동차 뒤에 짐을 실었다.

3. 여행을 시작하는 날 무엇을 했나요?

음식을 실었다. / 짐을 실었다. / 청소를 했다.

두 문장 독해 _ 두 문장으로 된 글을 읽고, 물음에 답하세요.

> 나는 프랑스로 가는 비행기에 몸을 실었다.
> 이 비행기는 러시아를 거쳐서 프랑스로 간다.

1. 나는 무엇을 타고 가는지 쓰세요.

. . . .

> "이 도시를 벗어나면 드디어 여행 시작이구나! 기대된다!"
> "강원도에 도착하면 먼저 바다부터 보자."

2. 강원도에 도착하면 보고 싶은 것은 무엇인가요?

> 도시 / 산 / 바다 / 강

> 우리 가족은 불국사를 한번 둘러보았다.
> 그리고 첨성대로 가기 위해 차에 올랐다.

3. 우리 가족은 불국사를 둘러본 후 어디로 가나요?

> 첨성대로 가요.
> 숙소로 돌아가요.
> 집으로 가요.

세 문장 독해 _ 세 문장으로 된 글을 읽고, 물음에 답하세요.

여행의 매력 중 하나는 처음 가 본 곳에서 새로운 것을 경험하는 것이다.
특히 다른 나라를 여행할 때 새로움은 더 커진다.
언어와 문화가 달라서, 낯설지만 더 흥미롭게 느껴진다.

1. 여행의 매력 중 하나는 무엇인가요?

....

2. 어디를 여행할 때 새로움이 더 커지나요?

....

3. 다른 나라가 낯설지만 더 흥미로운 이유는 무엇인가요?

....

모양을 흉내 내는 말 (의태어)

- 걷다가 힘들어서 아무 데나 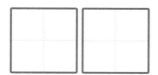 주저앉았어요.

풀썩 : 맥없이 주저앉거나 내려앉는 모양

- 길이 너무 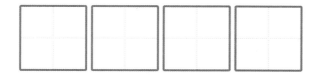 해서 어지러워요.

구불구불 : 이리로 저리로 구부러지는 모양

- 삼촌은 산 정상까지 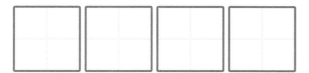 걸어가셨어요.

성큼성큼 : 다리를 계속해서 높이 들어 크게 떼어 놓는 모양

- 여행 갈 날이 다가오니 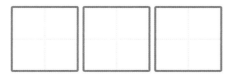 웃음이 난다.

빙그레 : 입을 약간 벌리고 소리 없이 부드럽게 웃는 모양

금강산도 식후경

재미있는 일도 배가 불러야 신나서 한다는 말이에요.

금강산 : 강원도 북부에 있는 경치가 아름다운 산

금강산도 식후경이라잖아.
영화 시작하기 전에
뭐라도 먹자.

길을 떠나려거든 눈썹도 빼어 놓고 가라.

여행할 때는 조그마한 것도 짐이 되니 귀찮다는 뜻이에요.

길을 떠나려거든
눈썹도 빼어 놓고 가랬어.
짐을 더 줄여야 해.

여행 _ 관계있는 습관적으로 쓰는 말 (관용어)

길눈이 밝다.

길을 잘 기억하다.

사촌 오빠는
길눈이 밝아서
함께 여행하면 편하다.

발이 묶이다.

왔다 갔다 할 수 없는 상황이 되다.

갑작스러운 태풍으로
공항에 발이 묶였다.

헷갈리기 쉬운 낱말 (맞춤법)

 **껍질**   물체의 겉을 싸고 있는 단단하지 않은 물질

  **껍데기**   달걀이나 조개처럼 겉을 싸고 있는 단단한 물질

 ## 잘못 쓰기 쉬운 낱말 (맞춤법)

 **설레다**   마음이 들떠서 두근거리다.

     설레다   ~~설레이다~~

- '껍질'과 '껍데기'를 구분해 알맞은 말에 동그라미 해 보세요.

  감자는 껍질 껍데기 을 벗기고 네모 모양으로 썬다.

  조개 껍질 껍데기 는 음식물 쓰레기로 버리면 안 된다.

- 바르게 쓴 말에 동그라미 하세요.

  여행을 갈 생각에 마음이 너무 설렌다 설레인다 .

22

시간을 나타내는 말을 사용해서 문장을 완성해 보세요. (문법-시제)

| 올해 | 내년 | 작년 | 우선 |

올해 : 지금 지나고 있는 이 해

내년 : 올해의 바로 다음 해

작년 : 올해의 바로 앞의 해

우선 : 어떤 일에 앞서서 먼저

곧 겨울 방학이 된다. (　　)는 어디로 여행을 갈까?

➜ ....

"올해 가을 캠핑 때는 날씨가 맑았으면 좋겠어.
(　　)에는 비가 와서 고생했었지."

➜ ....

바다에서 수영모를 잃어버렸어요.
(　　) 여름에 쓰려면 미리 사야겠어요.

➜ ....

"우리는 다음 달에 제주도에 갈 거야. (　　) 계획부터 세워 보자."

➜ ....

다음 글을 읽고, 물음에 답하세요.

"이 여행이 정말 기대되는군."

걸리버는 앤틸로프호를 타고 긴 여행을 시작했어요.

그런데 어느 날 갑자기 폭풍우가 몰아치고 거센 바람이 불면서 배가 흔들리기 시작했어요.

"안 돼! 살려 줘. 으악!"

정신을 차려 보니 걸리버의 몸은 밧줄로 꽁꽁 묶여 있는 게 아니겠어요?

"무시무시한 거인이 깨어났다! 꼼짝 마라! 우리 용감한 작은 이들의 나라 릴리펏 왕국을 넘보다니, 어림없지!"

걸리버의 눈앞에는 손가락만큼 작은 사람들이 작은 무기를 들고 소리치고 있었어요.

앤틸로프호를 타고 여행하던 걸리버에게 무슨 일이 일어났을까요?

① 목적지에 잘 도착했어요.

② 배와 함께 바다에 빠졌어요.

③ 릴리펏 왕국에서 환영받았어요.

④ 갑자기 거인으로 변신했어요.

2 릴리펏 왕국에는 어떤 사람들이 살고 있을까요?

① 무시무시한 거인들

② 손가락처럼 날씬한 사람들

③ 손가락만큼 작은 사람들

④ 몸집이 크고 용감한 사람들

3 '몹시 무섭다.'라는 뜻으로 릴리펏 왕국의 작은 사람들이 걸리버를 보고 생각한 것을 어떻게 나타냈나요?

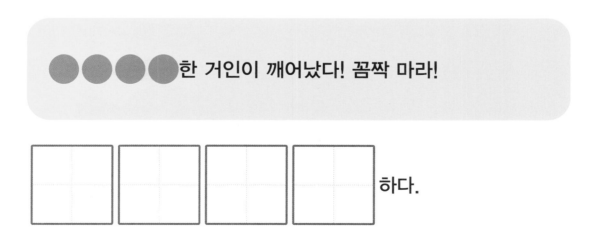

●●●●한 거인이 깨어났다! 꼼짝 마라!

				하다.

다음 글을 읽고, 물음에 답하세요.

♥ 우리 가족 중국 베이징 여행 일정표 ♥

	장소	교통편	내용
1일	인천 → 베이징	문해 항공 BX700	베이징의 수도 국제공항 도착 후 시내로 이동 ⇒ 798 예술구 관광 (기념품 살 것) ⇒ 신화 극장 : 중국 전통 곡예 서커스 관람
2일	베이징	전용 차량	베이징 올림픽 주경기장 ⇒ 만리장성 관광 (케이블카 이용) ⇒ 온천 체험, 발 마사지 ⇒ 왕푸징 거리에서 쇼핑하기
3일	베이징	전용 차량	민주화 운동의 중심지인 천안문 광장 ⇒ 영화 '마지막 황제'의 배경인 자금성 ⇒ 중국 왕실의 여름 별장이었던 이화원 관광

1 이동하는 일정이 가장 많은 날은 며칠째 여행 날인가요?

① 1일   ② 2일

③ 3일   ④ 4일

2 여행 일정표에 <u>없는</u> 내용은 무엇인가요?

① 해야 할 것   ② 교통편

③ 가 볼 곳   ④ 먹을 음식

3 여행을 시작한 날이 3월 1일이라면, 빈 칸의 알맞은 날짜와 요일은 언제인가요?

- 1일 : 3월　　　　1 일　　　　　화요일

- 2일 : 3월 ＿＿＿＿일　　　　　수요일

- 3일 : 3월 ＿＿＿＿일　　　＿＿＿＿요일

출(出)   나다, 나가다를 뜻하고 출이라고 읽어요.

 다음 낱말을 큰 소리로 읽어 보세요.

출발   출동   출근

출장   탈출

이 글자는 사람의 발이 입구를 벗어나는 모양이에요.

모양	뜻	소리
出	나다. 나가다.	출

쓰는 순서와 쓰기

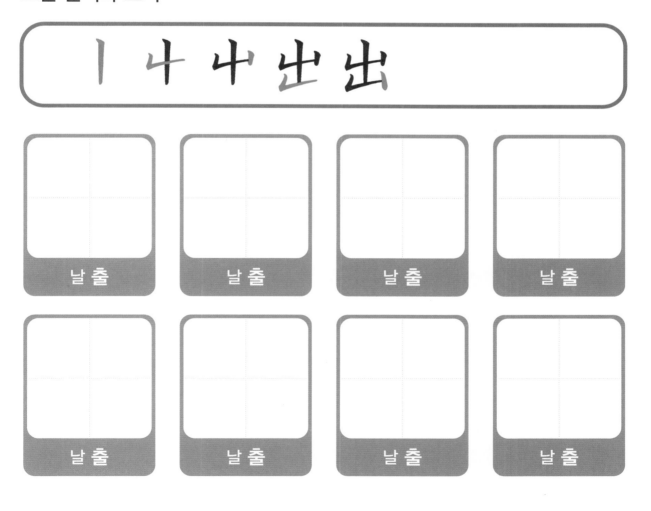

낱말에 출(出)이 숨어 있으면, 그 낱말에는 '나다.'의 뜻이 들어 있어요.

낱말에 똑같이 들어 있는 글자에 동그라미 하세요.

낱말에 숨어 있는 같은 한자에 동그라미 하세요.

출발

出발
목적지를 향하여 나아감

출동

出동
일정한 목적을 하기 위해 떠남

출근

出근
일하러 나가거나 나옴

출장

出장
일하기 위해 잠시 다른 곳으로 나감

탈출

탈出
어떤 상황에서 빠져나옴

공통 글자는 무엇인지 써 보세요.

공통 한자는 무엇인지 써 보세요.

30

날 출(出)이 숨어 있는 낱말에 동그라미 하고 써 보세요. (5개)

아침 일찍 공항으로 출발했다. 가족 모두 한 명도 빠짐없이 출동이다! 아빠는 회사로 출근하지 않고, 출장도 아닌 여행이라며 무척 신나 하셨다. 나는 회사 탈출 아니냐며 농담했고 모두 한바탕 웃었다.

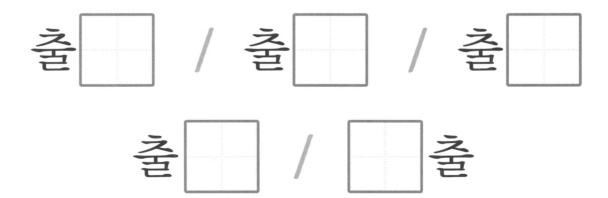

출　　／　출　　／　출

출　　／　　출

기본 낱말 다시 배우기 (명사)

 일을 하거나 돌아다니며 구경하기 위해 다른 지역이나 외국에 가는 일

움직임을 나타내는 말 (동사)

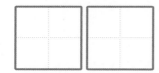 **러** **보** **다** 주위를 이리저리 두루 살펴보다.

성질이나 상태를 꾸며 주는 말 (형용사)

외국 여행을 오니 한국인이 별로 없어 게 느껴졌다.

낯설다 : 전에 본 적이 없어 익숙하지 않다.

모양을 흉내 내는 말 (의태어)

길이 너무 해서 어지러워요.

구불구불 : 이리로 저리로 구부러지는 모양

속담

◯◯◯도 식후경 ➡ 재미있는 일도 배가 불러야 신나서 한다는 말이에요.

◯◯◯도 식후경이라잖아. 영화 시작하기 전에 뭐라도 먹자.

습관적으로 쓰는 말 (관용어)

◯◯이 묶이다. ➡ 왔다 갔다 할 수 없는 상황이 되다.

갑작스러운 태풍으로 공항에 ◯◯이 묶였다.

헷갈리기 쉬운 낱말과 잘못 쓰기 쉬운 낱말 (맞춤법)

감자는 [껍질] [껍데기] 을 벗기고 네모 모양으로 썬다.

여행을 갈 생각에 마음이 너무 [설렌다] [설레인다].

시간을 나타내는 말을 사용해서 문장을 완성해 보세요. (문법-시제)

"우리는 다음 달에 제주도에 갈 거야. (   ) 계획부터 세워 보자."

➡ ....

오늘 한자

출(出) : 나다, 나가다를 뜻하고 출이라고 읽어요.

2주

한눈에 보는

교통과 지도

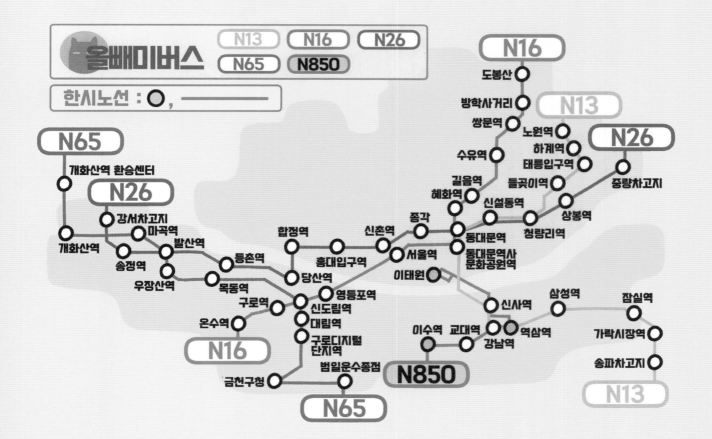

교통	횡단보도	신호등	고속 도로
국도	운전	교통사고	사거리	골목길
지도	내비게이션	표지판	동서남북

2주
1일

교통 탈것을 이용하여 사람이 오고 가거나 짐을 실어 나르는 일

횡단보도 차도 위에 사람이 건널 수 있게 만들어 놓은 길

신호등 도로에 빨강, 노랑, 초록의 불빛이 켜지거나 꺼지면서, 자동차와 사람에게 가거나 멈추라는 지시를 하는 장치

지도 지구 표면의 상태를 일정하게 줄여 약속된 기호로 나타낸 그림

표지판 표시를 해 놓은 판

동서남북 동쪽, 서쪽, 남쪽, 북쪽 모든 방향을 이르는 말

교통과 지도를 나타내는 말을 알아봅시다. (동사)

살피다	서두르다	돌아가다	지나오다	부딪치다
붐비다	굽다	끼어들다	풀리다	움직이다

살피다 주의하여 자세히 보다.

서두르다 급하게 바삐 움직이다.

돌아가다 어떤 장소를 끼고 방향을 바꿔 가다.

부딪치다 매우 힘 있게 마주 닿거나 마주 대다.

붐비다 여럿이 많이 모여 정신없이 움직이다.

끼어들다 자기 순서나 자리가 아닌 틈을 비집고 들어가다.

 횡단보도와 운전은 각각 어떤 일을 하는지 따라 써 보세요.

살피다

서두르다

지나오다

움직이다

풀리다

끼어들다

교통과 지도의 성질이나 상태를 꾸며 주는 말을 알아봅시다. (형용사)

자세하다   사소한 것까지 아주 분명하다.

분명하다   똑똑하고 뚜렷하다.

똑같다   조금도 다른 데가 없다.

한산하다   사람이 별로 없어 여유롭고 조용하다.

뚜렷하다   아주 분명하다.

흐릿하다   조금 분명하지 않다.

 어떤 말이 들어가야 할까요?

한산   뚜렷   자세   똑같

- "어디에서 넘어졌는지 〔　　　　　〕하게 말해 줘."

- 내가 그린 우리 동네 지도는 〔　　　　　〕한 특징이 잘 보인다.

- 오늘은 거리가 〔　　　　　〕해서 다니기 좋다.

- 이 반지는 내가 횡단보도에서 떨어뜨린 반지와 〔　　　　　〕다.

한 문장 독해 _ 한 문장으로 된 글을 읽고, 물음에 답하세요.

> 도시에 비해 시골의 도로는 한산해서 차가 다니기 좋다.

1. 차가 다니기 좋은 도로는 어디에 있는지 쓰세요.

....

> 지도를 보고 길을 가면 목적지를 잘 찾을 수 있어요.

2. 목적지를 찾기 위해 보는 것은 무엇인가요?

> 책 / 핸드폰 / 지도

> 나는 횡단보도 앞에서 신호등이 바뀌기를 기다렸다.

3. 나는 횡단보도 앞에서 무엇을 했나요?

> 신호등이 바뀌기를 기다렸다. / 차가 멈추기를 기다렸다. / 형을 기다렸다.

두 문장 독해 _ 두 문장으로 된 글을 읽고, 물음에 답하세요.

> 아빠 차를 타고 할머니 댁에 가는 길이었다.
> 갑자기 앞으로 끼어든 자동차 때문에 깜짝 놀랐다.

1. 나는 무엇 때문에 놀랐는지 쓰세요.

> "엄마, 신호등이 초록색으로 바뀌면 건너는 거죠?"
> "응. 건널 때는 이쪽저쪽 잘 살피고 건너야 해."

2. 신호등이 무슨 색일 때 건너야 하나요?

> 빨간색 / 노란색 / 초록색 / 검은색

> 나는 제주도에 도착해서 관광 지도를 샀다.
> 관광 지도에는 제주도에서 가 볼 만한 곳이 모두 표시되어 있었다.

3. 나는 제주도에 도착해서 무엇을 했나요?

> 관광 지도를 샀다.
> 관광 지도에 표시했다.
> 관광 지도를 잃어버렸다.

세 문장 독해 _ 세 문장으로 된 글을 읽고, 물음에 답하세요.

> 요즘은 종이 지도가 아닌 내비게이션이라는 기계를 이용해 길을 찾는다.
> 주로 자동차에 달려 있거나, 스마트폰을 이용해서 본다.
> '길도우미'라는 한글 이름이 있지만, 잘 사용하지 않는다.

1. 요즘은 길을 찾을 때 이용하는 것은 무엇인가요?

....

2. 내비게이션은 어디에 있나요?

....

3. 내비게이션의 한글 이름은 무엇인가요?

....

소리를 흉내 내는 말 (의성어)

- 삼촌은 오토바이에 시동을 걸었다.

부르릉부르릉 : 자동차나 비행기가 움직일 때 잇따라 나는 소리

- 차가 연기를 내뿜으며 ⬤ 출발했어요.

붕 : 막혀 있던 공기나 가스가 약간 큰 구멍으로 터져 빠질 때 나는 소리

- 아빠는 갑자기 차를 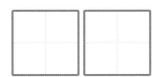 세우셨다.

끼익 : 자동차나 자전거가 갑자기 멈출 때 나는 소리

- 눈앞으로 자전거가 빠르게 지나갔어요.

쌩 : 세찬 바람이나 속도가 빠른 물체가 지나갈 때 나는 소리

모로 가도 서울만 가면 된다.

어떤 방법으로든 하고자 하는 것을 이루면 된다는 뜻이에요.

모로 가다. : 원래 길이 아닌 비스듬하게 틀어진 길이나 방향으로 감

설명서를 잃어버렸지만
다 만들었어!
모로 가도
서울만 가면 되지 뭐.

천 리 길도 한 걸음부터

어떤 일이든 시작이 중요하다는 말이에요.

리 : 거리의 단위. 1리는 약 0.393km

천 리 길도 한 걸음부터라는데,
첫날부터 이렇게
손님이 많다니!
가게가 잘될 것 같아.

교통과 지도 _ 관계있는 습관적으로 쓰는 말 (관용어)

운전대를 놓다.

이제 운전을 하지 않다.

할아버지는
이제 운전대를 놓으셨다.

걸음을 재촉하다.

서둘러서 가다.

늦었어~
빨리가자!

약속에 늦어서
걸음을 재촉했다.

고유어와 외래어

 길   사람, 동물, 자동차가 지나갈 수 있게 땅 위에 낸 일정한 너비의 공간

  건널목   강이나 길에서 사람이 건너다닐 수 있는 곳

외래어

 터널   tunnel : 산, 바다, 강의 밑을 뚫어 철도나 도로를 만든 것

• 고유어와 외래어를 바르게 써 보세요.

할아버지 댁 문 앞에 새   이 생겼다.

자동차가 어두운   을 빠져나오자 바다가 보였다.

"신호등의 초록 불이 켜지면   으로 건너자."

청유문을 만들어 보세요. (문법-종결형 문장)

> **청유문**은 어떤 일을 같이 하자고 할 때 쓰는 문장이에요. 문장 부호는 마침표 (.)를 써요.

"이 길로 가면 되는지 지도로 함께 (찾아보자. / 찾아볼래?)"

➜ ....

운전할 때는 양보와 배려를 (합시다. / 해!)

➜ ....

"오늘은 교통이 복잡하니 조심해서 (간다. / 가자.)"

➜ ....

"건널목을 건너기 전에는 양쪽을 잘 (살피자. / 살핀다.)"

➜ ....

한 문단 독해 1 (우화, 동화)

다음 글을 읽고, 물음에 답하세요.

> 호동이는 **과거**를 보러 **한양**으로 떠나게 되었어요.
>
> 가난한 호동이는 말도, 당나귀도, 가마도 없어서 한양까지 길을 따라 쭉 걸어가야 했지요.
>
> 막 출발하려는데 옆집 친구가 좁쌀 한 톨을 내밀었어요.
>
> "호동아. 이 좁쌀을 서울에 사는 우리 사촌 형에게 전해 주겠니?"
>
> 좁쌀을 받아 들고 길을 가던 호동이는 날이 저물어 한 **주막**으로 들어 갔어요.
>
> "하룻밤 자고 갈 동안, 이 소중한 좁쌀을 잘 맡아 주시겠어요?"
>
> 그러나 다음 날, 좁쌀은 없어지고 말았습니다.
>
>

과거 : 옛날에 나라에서 일하는 사람을 뽑을 때 실시하던 시험을 말해요.

한양 : '서울'의 옛 이름이에요.

주막 : 옛날에 밥과 술을 팔거나 돈을 받고 나그네를 묵게 하는 집이에요.

48

1 호동이가 한양에 가는 이유는 무엇인가요?

① 친구 부탁을 들어주려고

② 좁쌀을 전해 주러

③ 과거를 보러

④ 주막에 머무르려고

2 호동이는 과거 시험을 보러 한양까지 어떻게 가나요?

① 말을 타고 　　　　　② 당나귀를 타고

③ 가마를 타고 　　　　④ 걸어서

3 '밤이나 곡식의 낱알을 세는 단위'로 좁쌀 세는 것을 어떻게 나타냈나요?

막 출발하려는데 옆집 친구가 좁쌀 한 을 내밀었어요.

다음 글을 읽고, 물음에 답하세요.

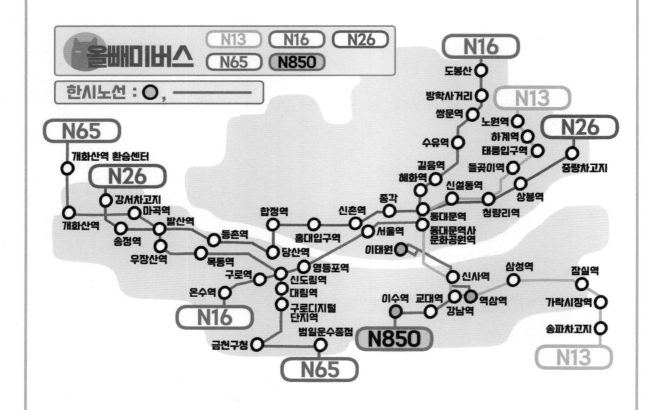

연말연시 : 한 해의 마지막 때와 새해를 함께 이르는 말이에요.

심야 : 깊은 밤을 뜻해요.

한시 노선 : 일정한 기간에만 잠시 운영하는 교통선을 말해요.

N : 밤에 다니는 버스를 표시하는 알파벳이에요.

1 한시 노선으로 운영하는 버스는 몇 번 버스인가요?

① N850번   ② 62번

③ N26번   ④ 15번

2주
4일

 2 잠실역을 가는 버스의 번호는 몇 번인가요?

① 30번   ② 37번

③ N13번   ④ 61번

 3 보라색 N26번 버스를 타고 출발하여, 두 정류장을 지나 파란색 N65번 버스를 탔습니다. 그리고 세 정류장을 가서 빨간색 N16번 버스를 타고 두 정류장을 더 가서 온수역에 도착했습니다. 총 몇 정류장을 지나갔나요?

두 정류장 + 세 정류장 + 두 정류장

2 + 3 + 2 =   정류장

안(安)   편안하다를 뜻하고
안이라고 읽어요.

 다음 낱말을 큰 소리로 읽어 보세요.

안녕 안전 편안

안정 안심

이 글자는 여자가 집 안에 앉아 있는 모양이에요.

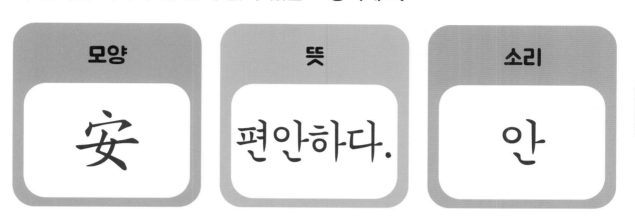

모양	뜻	소리
安	편안하다.	안

쓰는 순서와 쓰기

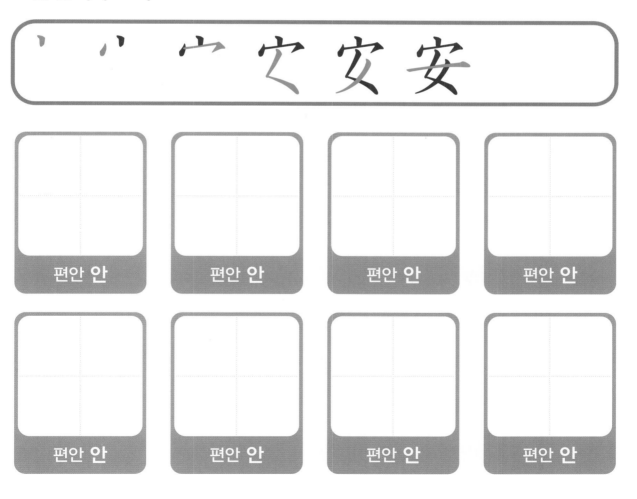

낱말에 안(安)이 숨어 있으면 그 낱말에는 '편안하다.'의 뜻이 들어 있어요.

낱말에 똑같이 들어 있는 글자에 동그라미 하세요.

낱말에 숨어 있는 같은 한자에 동그라미 하세요.

안녕

安녕
아무 탈 없이 편안함

안전

安전
위험이 생기거나 사고가 날 염려가 없음

편안

편安
편하고 걱정 없이 좋음

안정

安정
몸과 마음이 편하고 좋으며 고요함

안심

安심
모든 걱정을 떨쳐 버리고 마음을 편히 가짐

공통 글자는 무엇인지 써 보세요.

공통 한자는 무엇인지 써 보세요.

54

편안 안(安)이 숨어 있는 낱말에 동그라미 하고 써 보세요. (5개)

"안녕히 다녀오세요. 오늘도 안전하게!" 큰 화물차를 운전하시는 아빠에게 큰 소리로 인사했다. 아빠는 내 인사를 들어야 마음이 편안해지고 안정이 되어서 더 안전하게 운전한다고 하셨다. 그러면 나도 안심이 된다.

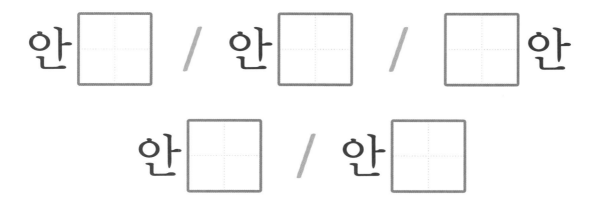

안 [ ] / 안 [ ] / [ ] 안

안 [ ] / 안 [ ]

기본 낱말 다시 배우기 (명사)

횡 **보** **도** 차도 위에 사람이 건널 수 있게 만들어 놓은 길

움직임을 나타내는 말 (동사)

살 **다** 주의하여 자세히 보다.

성질이나 상태를 꾸며 주는 말 (형용사)

내가 그린 우리 동네 지도는 ⬤⬤ 한 특징이 잘 보인다.

뚜렷하다 : 아주 분명하다.

소리를 흉내 내는 말 (의성어)

눈앞으로 자전거가 ⬤ 빠르게 지나갔어요.

쌩 : 세찬 바람이나 속도가 빠른 물체가 지나갈 때 나는 소리

속담

천 리 〇 도 한 걸음부터 ➜ 어떤 일이든 시작이 중요하다는 말이에요.

천 리 〇 도 한 걸음부터라는데, 첫날부터 이렇게 손님이 많다니! 가게가 잘될 것 같아.

습관적으로 쓰는 말 (관용어)

〇 〇 을 재촉하다. ➜ 서둘러서 가다.

약속에 늦어서 〇 〇 을 재촉했다.

고유어와 외래어

"신호등의 초록 불이 켜지면 터널 건널목 길 으로 건너자."

청유문을 만들어 보세요. (문법-종결형 문장)

"이 길로 가면 되는지 지도로 함께 (찾아보자. / 찾아볼래?)"

➜ ....

오늘 한자

안(安) : 편안하다를 뜻하고 안이라고 읽어요.

安 □ □

3주

한눈에 보는
탈것

대중교통 자동차 기차 전철 버스 고속버스 택시

비행기 배 오토바이 정류장 공항 항구 멀미

대중교통   버스나 지하철처럼 여러 사람이 이용하는 교통수단

전철   전기 철도 위를 달리는 전동차

택시   요금을 받고 손님이 원하는 곳까지 태워다 주는 자동차

비행기   여러 개의 회전 날개가 달려 공중으로 날아서 사람이나 물건을 싣고 나르는 기계

공항   비행기가 사람이나 물건을 실어 옮기기 위해 사용하는 장소

항구   배가 안전하게 드나들도록 강가나 바닷가에 만들어 놓은 장소

탈것을 나타내는 말을 알아봅시다. (동사)

| 몰다 | 타다 | 내리다 | 디디다 | 예약하다 |
| 기다리다 | 붙잡다 | 멈추다 | 쫓다 | 오르다 |

몰다   탈것을 운전하다.

타다   탈것에 몸을 얹다.

내리다   타고 있던 것에서 밖으로 나와 어떤 곳에 이르다.

디디다   발을 올려놓고 서거나 발로 내리누르다.

멈추다   물건의 움직임이나 동작이 그치다.

오르다   탈것에 타다.

버스와 택시는 각각 어떤 일을 하는지 따라 써 보세요.

타다

내리다

기다리다

붙잡다

멈추다

예약하다

탈것의 성질이나 상태를 꾸며 주는 말을 알아봅시다. (형용사)

빠르다 동작을 하는 데 걸리는 시간이 짧다.

느리다 동작을 하는 데 걸리는 시간이 길다.

편리하다 편하고 이로우며 이용하기 쉽다.

미끄럽다 거침없이 저절로 밀려 나가다.

어지럽다 몸을 비틀거릴 정도로 정신이 흐리고 얼떨떨하다.

답답하다 숨이 막힐 듯이 갑갑하다.

3주
1일

 어떤 말이 들어가야 할까요?

답답　　　**빠르**　　　**미끄러**　　　**편리**

• 거리에 차가 많을 때는 지하철을 이용하면 　　　　　　　하다.

• KTX는 속도가 정말 　　　　　　다.

• 비가 오면 길이 　　　　　　워서 버스가 느리게 간다.

• 비행기에 처음 타니 　　　　　　한 기분이 들어 무서웠다.

버스에 타면 넘어지지 않도록 손잡이를 붙잡아야 해요.

1. 버스에 타면 무엇을 붙잡아야 하는지 쓰세요.

· ·

나는 다리를 다쳐서 비행기표 예약을 취소했다.

2. 나는 무엇을 취소했나요?

비행기표 예약 / 기차표 예약 / 병원 예약

오토바이를 탈 때는 반드시 헬멧을 써야 해요.

3. 오토바이를 탈 때 반드시 해야 하는 것은 무엇인가요?

장갑을 껴야 해요. / 헬멧을 써야 해요. / 모자를 써야 해요.

두 문장 독해 _ 두 문장으로 된 글을 읽고, 물음에 답하세요.

> 지하철에서 타고 내릴 때는 조심해야 한다.
> 지하철과 승강장 틈 사이로 발이 빠지기도 하기 때문이다.

승강장 : 정거장에서 지하철이나 차를 타고 내리는 곳

1. 지하철에서 조심해야 할 때는 언제인지 쓰세요.

3주
2일

> "형, 미국까지 배를 타고 가면 얼마나 걸릴까?"
> "글쎄. 배는 비행기보다 느리니까, 훨씬 많이 걸릴 것 같아."

2. 비행기보다 느린 교통수단은 무엇인가요?

> 비행기 / 배 / 기차 / 버스

> 오빠는 자동차를 타면 멀미를 심하게 한다.
> 어지럽고 답답해 하며 매우 힘들어한다.

멀미 : 차, 배, 비행기 같은 곳에서 흔들림을 받아 어지러운 것

3. 오빠가 자동차를 타면 힘든 이유는 무엇인가요?

> 졸음이 오기 때문이다.
> 멀미를 심하게 하기 때문이다.
> 배가 고프기 때문이다.

세 문장 독해 _ 세 문장으로 된 글을 읽고, 물음에 답하세요.

> 자동차가 없던 시절에는 발이 빠른 '말'이 중요한 교통수단이었어요.
> 빠르지는 않지만, 물건을 싣고 다니기 좋은 '당나귀'도 많이 이용했어요.
> '소'는 '당나귀'보다 힘이 세서 물건을 많이 싣고 다닐 때 꼭 필요했어요.

1. 자동차가 없던 시절에 발이 빠른 교통수단은 무엇인가요?

....

2. 빠르지는 않지만, 물건을 싣고 다니기 좋은 동물은 무엇인가요?

....

3. 힘이 세서 물건을 많이 싣고 다닐 때 필요한 동물은 무엇인가요?

....

모양을 흉내 내는 말 (의태어)

- 바다 위에 배가  떠 있어요.

둥실둥실 : 물체가 공중이나 물 위에 가볍게 떠서 잇따라 움직이는 모양

- 눈이 와서 도로에 차들이 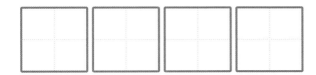 움직인다.

엉금엉금 : 큰 동작으로 느리게 걷거나 기는 모양

- 힘이 없어서 버스 정류장까지 천천히 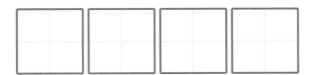 걸었다.

타박타박 : 조금 느릿느릿 힘없는 걸음으로 걸어가는 모양

- 출발 시간이 되자 기차가 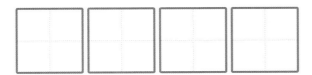 움직이기 시작했다.

느릿느릿 : 동작이 매우 느린 모양

 **탈것** _ 관계있는 속담

빈 수레가 요란하다.

잘 알지 못하면서 떠들며 아는 척한다는 뜻이에요.

혼자 다 안다는 듯이
말하더니, 빈 수레가
요란하구나!

헌 배에 물 푸기

겉으로만 대충 처리해서 문제가 해결되지 않는 것을 말해요.

방이 지저분한데
책상 위만 닦는 건
헌 배에서 물 푸는 거나
다름없다고.

탈것 _ 관계있는 습관적으로 쓰는 말 (관용어)

비행기를 태우다.

남을 지나치게 칭찬하다.

당연한 일을 한 거야,
너무 비행기 태우지 마.
쑥스러워!

한배를 타다.

같은 상황이 되다.

우리 모둠은 이제
한배를 탔으니
열심히 잘 해 보자!

글자만 같은 서로 다른 낱말 (동형어)

1 타다

탈것이나 짐승에게 몸을 얹다.

2 타다

불씨나 높은 열로 불이 붙어 번지거나 불꽃이 일어나다.

3 타다

액체에 다른 액체나 가루를 넣어 섞다.

- 어떤 '타다'인지 번호를 써 보세요.

나는 우유에 코코아 가루를 타서 먹었다.

우리는 비행기를 타기 위해 공항으로 갔어요.

저기 프라이팬에 달걀이 타고 있어!

피동 표현과 사동 표현을 사용하여 문장을 완성해 보세요. (문법-피동과 사동)

> **피동**은 다른 사람이나 사물에 의해서 움직이는 것을 말해요.
> ➡ **바람 때문에 문이** 열렸다.
>
> **사동**은 직접 하는 것이 아니라, 다른 사람이나 사물에 어떤 동작을 하게 하는 것을 말해요.
> ➡ **동생에게 그 공을 차게** 했다.

실렸어요   세웠어요   사용돼요   잡혔어요

집 앞에서 택시를 바로 잡았어요.

➡ 택시가 집 앞에서 바로 ＿＿＿＿＿＿＿＿.

배의 맨 뒤 칸에 짐을 실었어요.

➡ 짐이 배의 맨 뒤 칸에 ＿＿＿＿＿＿＿＿.

지하철에서는 승차권을 사용해요.

➡ 승차권은 지하철에서 ＿＿＿＿＿＿＿.

나는 엄마와 버스의 뒤쪽에 섰어요.

➡ 엄마는 나를 버스의 뒤쪽에 ＿＿＿＿＿＿＿.

다음 글을 읽고, 물음에 답하세요.

호두까기 인형은 멋진 왕자님이 되었어요.

"저는 과자 나라의 왕자입니다. 마리 씨 덕분에 마법이 풀려 이렇게 제 모습으로 돌아왔어요. 정말 고마워요. 보답으로 제가 사는 과자 나라에 초대할게요."

마리는 솜사탕 구름이 떠다니는 초콜릿 숲과 아이스크림 마을을 지났어요.

과자 배를 타고 오렌지 주스 강을 건넌 후, 과일 마차를 타고 설탕 길을 달려서 아름다운 케이크 성에 도착했어요.

"와, 신난다. 꿈만 같은걸!"

마법에 걸린 왕자님은 어떤 모습이었나요?

① 마리

② 호두까기 인형

③ 과자 나라 왕자

④ 호두 파는 사람

 마리는 신나는 마음을 어떻게 나타냈나요?

① 꿈만 같은걸!

② 꿈이었으면!

③ 꿈에서 깨자!

④ 꿈이 아닐까!

 마리와 왕자님이 과자 나라에서 지나간 길을 순서대로 적어 보세요.

솜사탕 구름이 떠다니는 　　　　　　 → 아이스크림 마을

→ 　　　　　　 를 타고 오렌지 주스 강 건너기

→ 과일 마차를 타고 　　　　　　 달려가기

→ 　　　　　　 도착

다음 글을 읽고, 물음에 답하세요.

2070년 5월 5일 날씨 : 해가 쨍쨍

"삑! 삑! 삑! 삑!"

자동차에서 날카로운 **경보음**이 울리고, 엄마의 잔소리 같은 목소리가 나왔다.

"방금 졸음운전을 하셨습니다. 조심하세요!"

"아빠, 우리 자동차가 스스로 운전하지만, 그래도 주의해야 해요."

깜짝 놀란 나도 잔소리했다.

졸음도 깰 겸, 휴게소에서 간식을 먹고 **전기차 충전소**에 들렀다.

"어제 집에서 **플러그**를 꽂아 30분만 충전했어도 이 돈을 아끼는 건데 말이야."

아빠의 얼굴에는 아쉬움이 가득하다.

경보음 : 갑작스러운 사고나 위험을 알리는 소리를 말해요.

전기차 충전소 : 전기를 연료로 쓰는 전기 자동차의 에너지를 채우는 곳이에요.

플러그 : 전기를 받기 위해 전선 끝에 붙이는 기구를 말해요.

자동차에서 경보음이 난 이유는 무엇인가요?

① 졸음운전을 해서

② 엄마가 잔소리해서

③ 전기를 충전해야 해서

④ 내가 깜짝 놀라서

3주
4일

 미래의 자동차에 대한 설명으로 맞지 <u>않는</u> 것은 무엇인가요?

① 자동차 스스로 운전해요.

② 운전자가 졸면 경보음을 내요.

③ 30분만 충전하면 다시는 충전하지 않아도 돼요.

④ 전기를 에너지로 해요.

 아빠가 어제 집에서 밤 9시에 충전을 시작했다면 충전이 끝나는 시간은 몇 시인가요?

어제 집에서 플러그를 꽂아 30분만 충전했어도 이 돈을 아끼는 건데 말이야.

9시 + 30분

 =  시　　　　 분

口

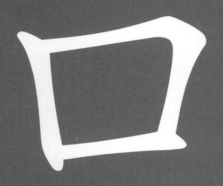

구(口)　　입을 뜻하고
　　　　　구라고 읽어요.

 다음 낱말을 큰 소리로 읽어 보세요.

식구　항구　인구

출구　구실

이 글자는 사람의 입 모양이에요.

모양	뜻	소리
口	입	구

쓰는 순서와 쓰기

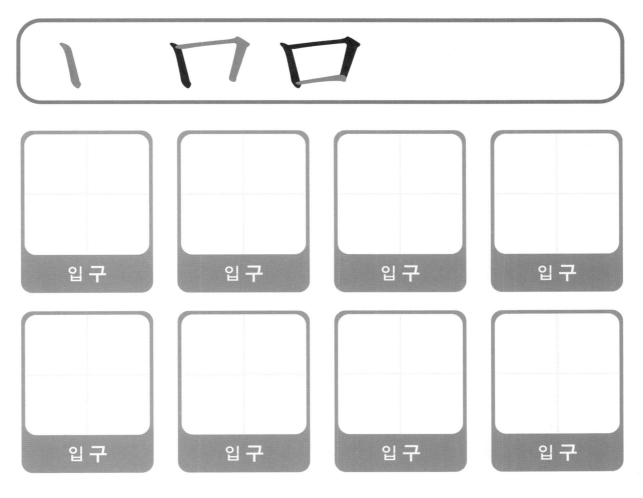

낱말에 구(口)가 숨어 있으면 그 낱말에는 '입'의 뜻이 들어 있어요.

낱말에 똑같이 들어 있는 글자에 동그라미 하세요.	낱말에 숨어 있는 같은 한자에 동그라미 하세요.

식구

항구

인구

출구

구실

식口
한집에 같이 사는 사람

항口
배가 안전하게 드나들도록 강가나
바닷가에 부두를 설치한 곳

인口
일정한 지역에 사는 사람의 수

출口
밖으로 나갈 수 있는 통로

口실
핑계를 삼을 만한 것

공통 글자는 무엇인지 써 보세요.	공통 한자는 무엇인지 써 보세요.

입 구(口)가 숨어 있는 낱말에 동그라미 하고 써 보세요. (5개)

배를 타기 위해 우리 식구는 항구에 모였다. 항구에는 우리나라 인구가 다 모인 듯 사람이 많았다. 아빠가 뒤늦게 도착하셨는데, 주차장에서 출구를 못 찾아 늦었다고 하셨다. 이번 여행의 구실은 배를 한번 타 보고 싶어서이다.

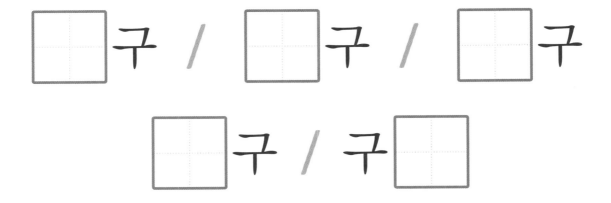

☐ 구 / ☐ 구 / ☐ 구

☐ 구 / 구 ☐

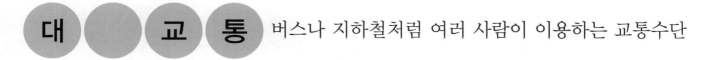

기본 낱말 다시 배우기 (명사)

대 ◯ 교 통   버스나 지하철처럼 여러 사람이 이용하는 교통수단

움직임을 나타내는 말 (동사)

◯ ◯ 다   탈것에 몸을 얹다.

성질이나 상태를 꾸며 주는 말 (형용사)

KTX는 속도가 정말 ◯◯다.

빠르다 : 동작을 하는 데 걸리는 시간이 짧다.

모양을 흉내 내는 말 (의태어)

바다 위에 배가  떠 있어요.

둥실둥실 : 물체가 공중이나 물 위에 가볍게 떠서 잇따라 움직이는 모양

속담

빈 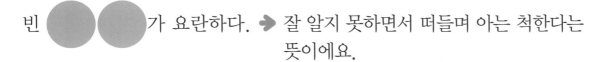 가 요란하다. ➔ 잘 알지 못하면서 떠들며 아는 척한다는 뜻이에요.

혼자 다 안다는 듯이 말하더니, 빈 ⬤⬤ 가 요란하구나!

습관적으로 쓰는 말 (관용어)

⬤⬤⬤ 를 태우다. ➔ 남을 지나치게 칭찬하다.

당연한 일을 한 거야, 너무 ⬤⬤⬤ 태우지 마. 쑥스러워!

글자만 같은 서로 다른 낱말 (동형어)

우리는 비행기를
타기 위해 공항으로 ●
갔어요.

● 탈것이나 짐승에게 몸을 얹다.

● 불씨나 높은 열로 불이 붙어 번지거나 불꽃이 일어나다.

● 액체에 다른 액체나 가루를 넣어 섞다.

피동 표현과 사동 표현을 사용하여 문장을 완성해 보세요. (문법-피동과 사동)

배의 맨 뒤 칸에 짐을 실었어요.

➔ 짐이 배의 맨 뒤 칸에  .

오늘 한자

구(口) : 입을 뜻하고 **구**라고 읽어요.

口 ▢ ▢

4주

한눈에 보는
컴퓨터와 전화

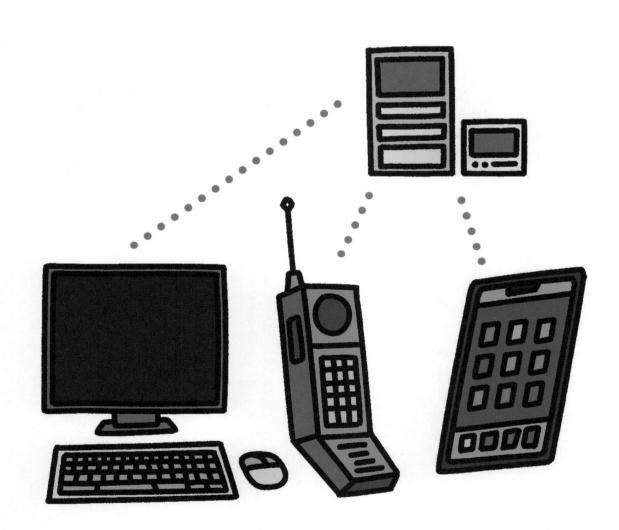

컴퓨터　　노트북　　인터넷　　사이트　　홈페이지

온라인　검색　메일　파일　휴대 전화　스마트폰

컴퓨터　계산, 정보, 영상에 관계된 여러 가지 일을 처리할 때 이용하는 기계

인터넷　전 세계의 컴퓨터가 서로 연결되어 정보를 교환할 수 있게 만들어진 것

홈페이지　개인이나 단체가 인터넷을 통해 정보를 제공하거나 가지고 있는 생각을 서로 나누기 위한 특별한 형식의 사이트

메일　컴퓨터를 사용하여 인터넷으로 주고받는 편지글

휴대 전화　손에 들거나 몸에 지니고 다니는 작은 전화기

스마트폰　휴대 전화에 여러 컴퓨터 기능을 추가한 전화기

컴퓨터와 전화를 나타내는 말을 알아봅시다. (동사)

찾다	맺다	닿다	받다	접하다
끊다	누르다	올리다	붙이다	연락하다

찾다   모르는 것을 알기 위해 책을 뒤지거나 컴퓨터를 이용하다.

닿다   소식이나 연락이 전달되다.

받다   질문이나 전화 신호에 대답하다.

접하다   소식을 듣거나 받다.

올리다   인터넷을 사용해 글을 여러 사람이 보게 하다.

누르다   힘이나 무게를 가하다.

인터넷과 스마트폰은 각각 어떤 일을 하는지 따라 써 보세요.

접하다

찾다

올리다

받다

누르다

끊다

컴퓨터와 전화의 성질이나 상태를 꾸며 주는 말을 알아봅시다. (형용사)

다양하다   모양이나 빛깔, 형태가 여러 가지로 많다.

급하다   머뭇거리지 말고 빨리 처리해야 할 상황이다.

친하다   가까이 사귀어 정이 두텁다.

사이좋다   서로 정답고 친하다.

익숙하다   자주 보거나 겪어서 처음 대하지 않는 느낌이 있다.

곤란하다   몹시 딱하고 어렵다.

 어떤 말이 들어가야 할까요?

급   **사이좋**   **다양**   **친**

- 요즘에는   한 스마트폰 종류가 있다.

- 나는 이사 간 민수와 메일을 주고받으며   게 지낸다.

- 오빠는 인터넷이 조금이라도 느리면 마음이   해진다.

- 나는   한 친구들의 휴대 전화번호를 기억한다.

한 문장 독해 _ 한 문장으로 된 글을 읽고, 물음에 답하세요.

공공장소에서 휴대 전화 사용 시 남에게 피해를 주지 않도록 주의해요.

1. 공공장소에서 사용할 때 주의해야 하는 것은 무엇인지 쓰세요.

....

선생님께 모둠 활동을 끝낸 소감문을 메일로 보냈다.

2. 선생님께 무엇을 보냈나요?

문자 / 편지 / 메일

엄마의 휴대 전화에서는 전화가 왔을 때 귀여운 동물 소리가 난다.

3. 엄마의 휴대 전화에서 언제 귀여운 동물 소리가 나나요?

전화가 왔을 때 / 전화가 끊겼을 때 / 통화할 때

두 문장 독해 _ 두 문장으로 된 글을 읽고, 물음에 답하세요.

> 나는 단짝 친구와 매일 통화를 한다.
> 우리는 할 얘기가 항상 많다.

1. 내가 매일 통화하는 사람은 누구인지 쓰세요.

4주
2일

> "민수야, 네가 자주 보는 유튜브 채널 이름이 뭐야?"
> "응. 하하 채널이야."

2. 민수가 자주 보는 채널은 무엇인가요?

> 하하 / 히히 / 헤헤 / 호호

> 나는 재미있는 사이트에서 댓글 읽는 것을 좋아한다.
> 안 좋은 댓글이 달리면 눈살이 찌푸려진다.

3. 내가 좋아하는 것은 무엇인가요?

> 댓글 읽는 것
> 댓글 다는 것
> 댓글 올리는 것

세 문장 독해 _ 세 문장으로 된 글을 읽고, 물음에 답하세요.

> 스마트폰은 휴대 전화에 컴퓨터의 편리한 기능이 들어간 것이다.
> 이것은 역사에 길이 남을 위대한 물건 중 하나로 평가 받는다.
> 사실 전화보다 컴퓨터와 더 비슷할 정도로 놀라운 기능이 많다.

1. 휴대 전화에 컴퓨터의 기능이 들어간 것은 무엇인가요?

....

2. 스마트폰은 어디에 길이 남을 위대한 물건인가요?

....

3. 스마트폰은 전화보다 무엇과 더 비슷한가요?

....

소리를 흉내 내는 말 (의성어)

• 휴대 전화의 진동 소리가 울렸어요.

[ ] [ ] [ ]

드르르 : 물건이 흔들려 떨리는 소리

• 지하철에서 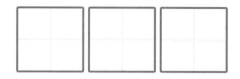 통화하면 안 돼요.

[ ] [ ] [ ] [ ]

쩌렁쩌렁 : 목소리가 자꾸 크고 높게 울리는 소리

• 휴대 전화의 카메라 버튼을 누르면 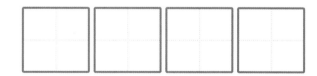 소리와 함께 사진이 찍혀요.

[ ] [ ] [ ]

찰카닥 : 작고 단단한 물체가 조금 가볍게 맞부딪치는 소리

• 누나 방에서 컴퓨터 자판을 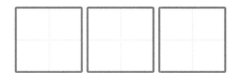 두드리는 소리가 난다.

[ ] [ ]

톡톡 : 작은 것이 자꾸 튀거나 터지는 소리

무소식이 희소식

잘 지내고 있어서 소식이 없다는 말이에요.

무소식이 희소식이라니
잘 놀고 있겠지?

편지에 문안

항상 하는 일을 뜻해요.

할아버지는
편지에 문안처럼
아침마다 집 앞을
청소하신다.

컴퓨터와 전화 _ 관계있는 습관적으로 쓰는 말 (관용어)

소식이 깡통

소식이 전혀 없다.

미국 여행 간 지
일주일이 됐는데
소식이 깡통이네.

4주
3일

전화통에 불이 나다.

전화가 쉴 새 없이 사용되다.

유명한식당

그 식당은
유명해서 늘
전화통에 불이 난대.

여러 가지 뜻을 가진 낱말 (다의어)

1 걸다

전화를 하다.

2 걸다

어떤 물건을
떨어지지 않도록
달려 있게 하다.

3 걸다

다리나 발,
도구를 이용하여
상대편을
넘어뜨리려고 하다.

• 어떤 '걸다'인지 번호를 써 보세요.

나는 드디어 금메달을 목에 걸었다.

누나에게 전화를 걸었는데 통화 중이었다.

발을 거는 장난은 위험하다.

'안'을 사용하여 밑줄 친 부분을 고쳐 써 보세요. (문법-부정 표현)

> **안 부정문**은 할 수 있지만, 자신의 의지로 하지 않을 때 사용하는 부정 표현이에요.
>
> ➜ **오늘은 게임 <u>안 할 거야</u>.**

오늘은 숙제가 많아서 컴퓨터를 <u>켰다</u>.

➜ ....

아빠가 바쁘신지 전화를 <u>하셨다</u>.

➜ ....

오늘 공부할 동안은 스마트폰을 <u>볼 것이다</u>.

➜ ....

"누나, 아직 메일 <u>보냈어</u>."

➜ ....

다음 글을 읽고, 물음에 답하세요.

고종이 전화를 하면 신하는 공손하게 예의를 갖추어 전화를 받았어요.

전화벨이 울리면, 전화기 쪽으로 절을 세 번 하고 무릎을 꿇고 엎드려 전화를 받았습니다.

보이지는 않지만, 임금님의 말소리에도 예의를 다했어요.

이 전화기는 우리나라 최초의 전화기 '덕률풍(德律風)'입니다.

한자 뜻으로만 보면 '덕을 펼치는 바람'이라는 뜻으로 전화기 하나에도 백성에 대한 임금님의 사랑을 나타낸 듯 보여요.

1 신하들은 왜 절을 세 번 하고, 무릎을 꿇고 엎드려 전화를 받았나요?

① 임금님이 무서워서

② 전화기 소리를 더 잘 들으려고

③ 그때의 전화 예절이라서

④ 임금님에 대한 예의를 다하기 위해

2 우리나라 최초의 전화기 이름은 무엇인가요?

① 률덕퐁　　　　　　② 덕률퐁

③ 덕률폰　　　　　　④ 덕펼퐁

3 하루에 임금님의 전화를 세 번 받았다면, 신하는 몇 번의 절을 하게 될까요?

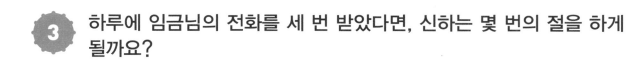

전화벨이 울리면, 전화기 쪽으로 절을 세 번 하고 무릎을 꿇고 엎드려 전화를 받았습니다.

세 번 절하기 + 세 번 절하기 + 세 번 절하기

3 + 3 + 3 = 　　　　　 번

다음 글을 읽고, 물음에 답하세요.

미국의 **기업가** '일론 머스크'의 황당한 꿈이 실현되고 있다.

머스크가 운영하는 **뇌 신경 과학** 연구 회사에서, 사람의 뇌에 **컴퓨터 칩**을 넣은 후 뇌의 신호를 읽는데 최초로 성공한 것이다.

이것은 뇌의 문제로 신체의 어떤 부분을 쓰지 못하게 된 환자를 도울 수 있다.

우울증이나 치매 같은 정신적인 문제의 치료도 가능하다.

머스크는 더 나아가 생각만으로 물건을 주문하고, 인터넷을 연결해 원하는 것을 검색하며, 모르는 외국어도 머릿속에서 해석이 가능한 '슈 퍼 뇌'를 꿈꾸고 있다고 밝혔다.

기업가 : 이윤을 얻기 위한 회사의 밑바탕이 되는 돈을 제공하고, 경영을 하는 사람을 말해요.
뇌 신경 과학 : 인간의 뇌에 관해 연구하는 학문이에요.
컴퓨터 칩 : 컴퓨터의 기능이 들어가 있는 매우 작은 조각이에요.

1 일론 머스크가 최초로 이루어 낸 성과는 무엇인가요?

① 뇌의 신호 읽기　　　　② 뇌의 문제 알기

③ 슈퍼 뇌의 성공　　　　④ 뇌의 비밀 풀기

2 일론 머스크가 꿈꾸는 '슈퍼 뇌'의 기능이 <u>아닌</u> 것은 무엇인가요?

① 생각만으로 물건 주문 하기

② 생각만으로 인터넷 검색 하기

③ 재미있는 상상 하기

④ 모르는 외국어 해석하기

3 뇌의 신호를 읽게 되면 가능한 일에 ○, 가능하지 않은 일에 X 하세요.

• 뇌의 문제로 신체의 어떤 부분을 못 쓰게 된 환자를 도울 수 있다.

• 나이 든 사람을 젊은 사람으로 되돌릴 수 있다.

• 우울증이나 치매 같은 정신적인 문제의 치료도 가능하다.

• 평균 수명보다 100년은 더 살 수 있다.

유(有)　　있다를 뜻하고
　　　　　유라고 읽어요.

 다음 낱말을 큰 소리로 읽어 보세요.

보유　유익　공유

고유　유지

이 글자는 손으로 고기를 쥐고 있는 듯한 모양이에요.

모양	뜻	소리
有	있다.	유

쓰는 순서와 쓰기

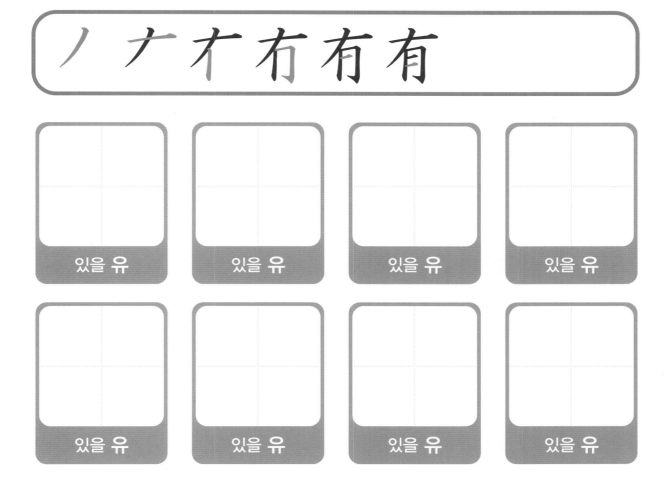

낱말에 유(有)가 숨어 있으면 그 낱말에는 '있다.'의 뜻이 들어 있어요.

낱말에 똑같이 들어 있는 글자에 동그라미 하세요.	낱말에 숨어 있는 같은 한자에 동그라미 하세요.

보유

보有
가지고 있거나 간직하고 있음

유익

有익
이롭거나 도움이 될 만한 것이 있음

공유

공有
두 사람 이상이 한 물건을 같이 갖는 것

고유

고有
본래부터 가지고 있는 특별한 것

유지

有지
그대로 변함없이 계속하는 것

공통 글자는 무엇인지 써 보세요.	공통 한자는 무엇인지 써 보세요.

있을 유(有)가 숨어 있는 낱말에 동그라미 하고 써 보세요. (5개)

4주
5일

오빠는 구독자를 많이 보유한 방송인이다. 오빠의 방송은 교육적으로 유익하고, 사람들이 공유할 수 있는 실용적인 정보가 많아 인기가 좋다. 앞으로도 고유의 색을 유지하면서 더 발전해 가는 방송이 되었으면 좋겠다.

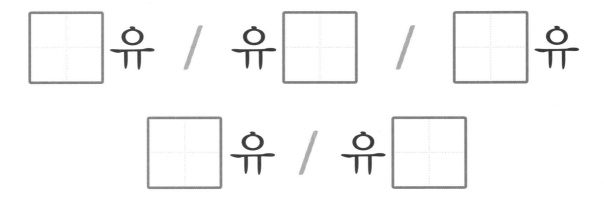

기본 낱말 다시 배우기 (명사)

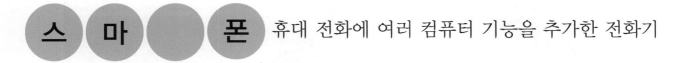

스 마 ◯ 폰   휴대 전화에 여러 컴퓨터 기능을 추가한 전화기

움직임을 나타내는 말 (동사)

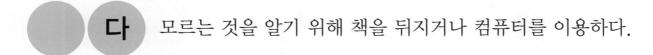

◯ 다   모르는 것을 알기 위해 책을 뒤지거나 컴퓨터를 이용하다.

성질이나 상태를 꾸며 주는 말 (형용사)

나는 이사 간 민수와 메일을 주고받으며 ◯◯◯게 지낸다.

사이좋다 : 서로 정답고 친하다.

소리를 흉내 내는 말 (의성어)

지하철에서 ◯◯◯◯ 통화하면 안 돼요.

쩌렁쩌렁 : 목소리가 자꾸 크고 높게 울리는 소리

속담

무소식이 〇〇〇 ➔ 잘 지내고 있어서 소식이 없다는 말이에요.

무소식이 〇〇〇 이라니 잘 놀고 있겠지?

습관적으로 쓰는 말 (관용어)

〇〇〇 에 불이 나다. ➔ 전화가 쉴 새 없이 사용되다.

그 식당은 유명해서 늘 〇〇〇 에 불이 난대.

여러 가지 뜻을 가진 낱말 (다의어)

누나에게 전화를
걸었는데 통화 중이었다.   •

• 전화를 하다.

• 어떤 물건을 떨어지지 않도록 달려 있게 하다.

• 다리나 발, 도구를 이용하여 상대편을
  넘어뜨리려고 하다.

'안'을 사용하여 밑줄 친 부분을 고쳐 써 보세요. (문법-부정 표현)

오늘 공부할 동안은 스마트폰을 볼 것이다.

➔ ....

오늘 한자

유(有) : **있다**를 뜻하고 **유**라고 읽어요.

有 〼 〼

정답

1주

15p 어떤 말이 들어가야 할까요?

씩씩, 낯설, 서운, 지겨

16p 한 문장 독해

1. 공항   2. 여행 계획   3. 짐을 실었다.

17p 두 문장 독해

1. 비행기   2. 바다   3. 첨성대로 가요.

18p 세 문장 독해

1. 처음 가 본 곳에서 새로운 것을 경험
   하는 것
2. 다른 나라   3. 언어와 문화가 달라서

22p 헷갈리기 쉬운 낱말과 잘못 쓰기 쉬운 낱말 (맞춤법)

껍질, 껍데기, 설렌다

23p 시간을 나타내는 말을 사용해서 문장을 완성해 보세요. (문법-시제)

곧 겨울 방학이 된다. 올해는 어디로 여행을 갈까?

"올해 가을 캠핑 때는 날씨가 맑았으면 좋겠어. 작년에는 비가 와서 고생했었지."

바다에서 수영모를 잃어버렸어요. 내년 여름에 쓰려면 미리 사야겠어요.

"우리는 다음 달에 제주도에 갈 거야. 우선 계획부터 세워 보자."

25p 한 문단 독해 1 (우화, 동화)

1. ②   2. ③   3. 무시무시

27p 한 문단 독해 2 (지식글)

1. ②   2. ④

3. • 1일 : 3월   1일   화요일
   • 2일 : 3월 (2)일   수요일
   • 3일 : 3월 (3)일 (목)요일

30p 낱말에 똑같이 들어 있는 글자에 동그라미 하세요.

30p 낱말에 숨어 있는 같은 한자에 동그라미 하세요.

31p 날 출(出)이 숨어 있는 낱말에 동그라미 하고 써 보세요. (5개)

출(발)   출(동)   출(근)   출(장)   (탈)출

확인 학습 32p ~ 33p

행, 둘, 낯설, 구불구불, 금강산, 금강산, 발, 발, 껍질, 설렌다

"우리는 다음 달에 제주도에 갈 거야. 우선 계획부터 세워 보자."

出, 出

2주

39p **어떤 말이 들어가야 할까요?**
자세, 뚜렷, 한산, 똑같

40p **한 문장 독해**
1. 시골   2. 지도
3. 신호등이 바뀌기를 기다렸다.

41p **두 문장 독해**
1. 갑자기 앞으로 끼어든 자동차
2. 초록색   3. 관광 지도를 샀다.

42p **세 문장 독해**
1. 내비게이션   2. 자동차, 스마트폰
3. 길도우미

46p **고유어와 외래어**
길, 터널, 건널목

47p **청유문을 만들어 보세요. (문법–종결형 문장)**
"이 길로 가면 되는지 지도로 함께 찾아보자."
운전할 때는 양보와 배려를 합시다.
"오늘은 교통이 복잡하니 조심해서 가자."
"건널목을 건너기 전에는 양쪽을 잘 살피자."

49p **한 문단 독해 1 (우화, 동화)**
1. ③   2. ④   3. 톨

51p **한 문단 독해 2 (지식글)**
1. ①   2. ③   3. 7

54p **낱말에 똑같이 들어 있는 글자에 동그라미 하세요.**
(안)

54p **낱말에 숨어 있는 같은 한자에 동그라미 하세요.**
(安)

55p **편안 안(安)이 숨어 있는 낱말에 동그라미 하고 써 보세요. (5개)**
안(녕)   안(전)   (편)안   안(정)   안(심)

확인 학습   56p ~ 57p

단, 피, 뚜렷, 쌩, 길, 길, 걸음, 걸음, 건널목
"이 길로 가면 되는지 지도로 함께 찾아보자."
安, 安

3주

63p 어떤 말이 들어가야 할까요?

편리, 빠르, 미끄러, 답답

64p 한 문장 독해

1. 손잡이　2. 비행기표 예약

3. 헬멧을 써야 해요.

65p 두 문장 독해

1. 타고 내릴 때　2. 배

3. 멀미를 심하게 하기 때문이다.

66p 세 문장 독해

1. 말　2. 당나귀　3. 소

70p 글자만 같은 서로 다른 낱말 (동형어)

3, 1, 2

71p 피동 표현과 사동 표현을 사용하여 문장을 완성해 보세요. (문법-피동과 사동)

택시가 집 앞에서 바로 잡혔어요.

짐이 배의 맨 뒤 칸에 실렸어요.

승차권은 지하철에서 사용돼요.

엄마는 나를 버스의 뒤쪽에 세웠어요.

73p 한 문단 독해 1 (우화, 동화)

1. ②　2. ①

3. 초콜릿 숲, 과자 배, 설탕 길, 케이크 성

75p 한 문단 독해 2 (지식글)

1. ①　2. ③　3. 9시 30분

78p 낱말에 똑같이 들어 있는 글자에 동그라미 하세요.

78p 낱말에 숨어 있는 같은 한자에 동그라미 하세요.

79p 입 구(口)가 숨어 있는 낱말에 동그라미 하고 써 보세요. (5개)

(식)구　(항)구　(인)구　(출)구　구(실)

확인 학습　80p ~ 81p

중, 타, 빠르, 둥실둥실, 수레, 수레, 비행기, 비행기

짐이 배의 맨 뒤 칸에 실렸어요.

口, 口

108

4주

87p **어떤 말이 들어가야 할까요?**
다양, 사이좋, 급, 친

88p **한 문장 독해**
1. 휴대 전화   2. 메일
3. 전화가 왔을 때

89p **두 문장 독해**
1. 단짝 친구   2. 하하
3. 댓글 읽는 것

90p **세 문장 독해**
1. 스마트폰   2. 역사   3. 컴퓨터

94p **여러 가지 뜻을 가진 낱말 (다의어)**
2, 1, 3

95p **'안'을 사용하여 밑줄 친 부분을 고쳐 써 보세요. (문법–부정 표현)**
오늘은 숙제가 많아서 컴퓨터를 안 켰다.
아빠가 바쁘신지 전화를 안 하셨다.
오늘 공부할 동안은 스마트폰을 안 볼 것이다.
"누나, 아직 메일 안 보냈어."

97p **한 문단 독해 1 (우화, 동화)**
1. ④   2. ②   3. 9

99p **한 문단 독해 2 (지식글)**
1. ①   2. ③   3. ○, X, ○, X

102p **낱말에 똑같이 들어 있는 글자에 동그라미 하세요.**
ⓤ

102p **낱말에 숨어 있는 같은 한자에 동그라미 하세요.**
㈲

103p **있을 유(有)가 숨어 있는 낱말에 동그라미 하고 써 보세요. (5개)**
(보)유   유(익)   (공)유   (고)유   유(지)

확인 학습   104p ~ 105p

트, 찾, 사이좋, 쩌렁쩌렁, 희소식, 희소식, 전화통, 전화통

오늘 공부할 동안은 스마트폰을 안 볼 것이다.
有, 有